Savais-tu

Les Corneilles

Savais-tu?

Les Corneilles

Alain M. Bergeron
Michel Quintin
Sampar

Illustrations de Sampar

ÉDITIONS
MICHEL
QUINTIN

Catalogage avant publication de Bibliothèque et Archives nationales du Québec et Bibliothèque et Archives Canada

Bergeron, Alain M., 1957-

Les corneilles

(Savais-tu? ; 13)
Pour enfants de 7 ans et plus.

ISBN 978-2-89435-229-8

1. Corneilles - Ouvrages pour la jeunesse.   2. Corneilles - Ouvrages illustrés. I. Quintin, Michel . II. Sampar. III. Titre. IV. Collection : Bergeron, Alain M., 1957-   . Savais-tu? ; 13.

QL696.P2367B47 2003   j598.8'64   C2003-940671-7

Révision linguistique : Maurice Poirier

Le Conseil des Arts du Canada
The Canada Council for the Arts

SODEC
Québec

Patrimoine canadien   Canadian Heritage

La publication de cet ouvrage a été réalisée grâce au soutien financier du Conseil des Arts du Canada et de la SODEC. De plus, les Éditions Michel Quintin bénéficient de l'aide financière du gouvernement du Canada par l'entremise du Programme d'aide au développement de l'industrie de l'édition (PADIÉ) pour leurs activités d'édition.

Gouvernement du Québec – Programme de crédit d'impôt pour l'édition de livres – Gestion SODEC

ISBN 978-2-89435-229-8
Dépôt légal - Bibliothèque et Archives nationales du Québec, 2003
Dépôt légal - Bibliothèque et Archives Canada, 2003

Éditions Michel Quintin
C.P. 340, Waterloo (Québec)
Canada J0E 2N0
Tél.:   450 539-3774
Téléc.: 450 539-4905
www.editionsmichelquintin.ca

0 7 - M L - 2

Imprimé au Canada

Savais-tu que la corneille d'Amérique se classe parmi les oiseaux les plus intelligents? Elle fait d'ailleurs partie des espèces qui ont le plus gros cerveau.

Savais-tu que la corneille d'Amérique et le grand corbeau font partie de la même famille? La corneille ressemble au grand corbeau, mais elle est plus petite et son bec est moins robuste.

Savais-tu que chez cet oiseau entièrement noir, le mâle et la femelle sont semblables?

Savais-tu qu'en plus de son croassement fort et bien connu, la corneille a un répertoire de plus d'une vingtaine de cris très variés? Chacun d'eux est d'ailleurs associé à une fonction particulière.

Savais-tu que la corneille est capable d'imiter le cri d'autres espèces? Certaines d'entre elles peuvent même reproduire plusieurs mots.

Savais-tu que la corneille fréquente des habitats très variés, comme les champs, les forêts, les marais et les rivages? Elle profite des milieux habités par l'homme (ferme, milieu urbain, etc.).

Savais-tu qu'elle cherche sa nourriture dans des endroits à découvert de préférence, mais niche et se repose dans les régions boisées?

Savais-tu que les corneilles ont un régime alimentaire très varié? Elles se nourrissent d'insectes, de petits vertébrés, d'oisillons, d'œufs, de fruits, de graines et de charogne.

Savais-tu qu'elles n'hésitent pas à voler la nourriture d'autres espèces d'oiseaux? Elles ont d'ailleurs l'habitude de se faire des réserves en cachant leur surplus de nourriture.

Savais-tu qu'elles régurgitent des matières indigestibles, tels les poils et les os, sous forme de boulettes?

Savais-tu que, même si plusieurs corneilles migrent vers le sud en automne, on peut en retrouver ici à longueur d'année?

Savais-tu que les individus qui n'émigrent pas vers le sud en automne deviennent presque exclusivement charognards?

Savais-tu que les corneilles sont très sociables? En effet, elles forment de grands rassemblements sur leur site d'hivernage et lors de leurs parcours migratoires, qui ont lieu au printemps et à l'automne.

Savais-tu qu'on appelle « dortoirs » les endroits où les corneilles se réunissent pour la nuit? Certains dortoirs peuvent compter quelques centaines d'individus, et d'autres, plusieurs dizaines de milliers.

Savais-tu que, pour veiller à la sécurité du groupe, des sentinelles montent la garde toute la nuit?

Savais-tu que les corneilles sont des oiseaux diurnes?
Elles se lèvent très tôt le matin et se couchent tôt le soir.

Savais-tu que, dès le lever du jour, elles se dispersent en quête de nourriture en empruntant toujours le même trajet?

Savais-tu que lorsque les corneilles volent en groupe, elles sont toujours précédées d'éclaireurs? Ceux-ci surveillent la route aérienne et préviennent de tout danger.

Savais-tu que, bien qu'elles se rassemblent en très grands groupes le soir, c'est par petits groupes qu'elles se nourrissent durant le jour?

N'OUBLIE PAS DE SIFFLER SI UN DANGER APPROCHE.

Savais-tu qu'une sentinelle sur la cime d'un arbre veille, quand la bande se nourrit dans un dépotoir?

Savais-tu qu'à chaque printemps, les couples cons-
truisent un nouveau nid de branchages dans le haut
d'un arbre?

Savais-tu que la femelle pond généralement 4 ou 5 œufs?
Elle pond un seul œuf par jour.

Savais-tu que la femelle couve ses œufs pendant 3 semaines? C'est d'ailleurs le mâle qui la nourrit pendant ce temps.

Savais-tu que les oisillons vont quitter le nid et exécuter leur premier vol un mois après l'éclosion?

Savais-tu que, par la suite, le groupe familial restera uni tout l'automne et tout l'hiver?

Savais-tu que les jeunes ne se reproduisent qu'à l'âge de 2 ans?

Savais-tu que, même si plus de la moitié des corneilles n'atteignent pas l'âge d'un an, certaines peuvent vivre plus de 14 ans?

Savais-tu que le pire ennemi de la corneille est
le grand duc? Celui-ci attaque surtout la nuit.

Savais-tu que, même si les corneilles sont parfois considérées comme nuisibles à l'agriculture, elles sont fort utiles comme nécrophages et comme insectivores?